HASTA DÓNDE EL DAÑO

ÆREA | *carménère*

Fer Gutiérrez

Hasta dónde el daño

861   Gutiérrez, Fer
G   Hasta dónde el daño / Fer Gutiérrez--
         Santiago-Barcelona : RIL editores-Ærea |
         Carménère, 2024.

         116 pág. ; 23 cm.

         ISBN: 978-84-10248-04-5

         1 POESÍA ESPAÑOLA. 2 LITERATURA ESPAÑOLA.

ÆREA | *carménère*

Serie dirigida por
Eleonora Finkelstein y Daniel Calabrese

HASTA DÓNDE EL DAÑO
Primera edición: abril de 2024

© Fer Gutiérrez, 2024

© Ærea, 2024

Un sello de RIL® editores
SEDE SANTIAGO DE CHILE: Los Leones 2258 • CP 7511055 Providencia
☏ (56) 22 22 38 100 • ril@rileditores.com • www.rileditores.com

SEDE VALPARAÍSO: Cochrane 639, of. 92 • CP 2361801 Valparaíso
☏ (56) 32 274 6203 • valparaiso@rileditores.com

SEDE ESPAÑA: europa@rileditores.com

Composición y diseño: RIL® editores
Diseño de colección: Marcelo Uribe Lamour
Ilustración de portada: Erika Kuhn

Impreso en España • *Printed in Spain*

ISBN: 978-84-10248-04-5
Depósito Legal: B 7641-2024

Como la primera lluvia

Laura Giordani

Hasta dónde el daño de Fer Gutiérrez recoge ochenta poemas, o quizás podríamos decir ochenta semillas luminosas que los pájaros no devoraron y señalan el camino de retorno a esa tierra aún ilesa que custodia nuestra humanidad. Sus textos hacen visible el daño que resulta de la experiencia humana y audible, ese llanto ante el que nuestra sensibilidad se ha necrosado de una manera u otra. Estamos frente a una escritura poética con vocación de intemperie, pero que no nos abandona en ella, sino que abriga y recuerda ese lugar en el que olvidamos la llave del sótano donde nuestra infancia se encuentra cautiva.

Nacer es asomar al daño, exponerse, pero también templar las hebras resilientes.

¿Quién no es vulnerable nada más
nacer? frágil peregrinaje
hacia los palacios de la desnudez

En uno de sus cuentos, Úrsula K. Le Guin describe una utópica ciudad llamada Omelas en la que sus habitantes disfrutan de una vida feliz, próspera y libre de preocupaciones. Sin embargo, esta felicidad tiene un elevadísimo precio, pues depende de la miseria perpetua de un niño que vive prisionero en un sótano en condiciones terribles. Los ciudadanos de Omelas conocen cuál es el origen de su vida amable, pero en nombre del bienestar general justifican el sacrificio del infante.

A nivel colectivo, esta bien podría ser una excelente metáfora de los sacrificados en áreas del planeta desfavorecidas para sostener a las sociedades de la opulencia. Pero también a nivel individual cada adulto mantiene encerrado en su «sótano», —en el extrarradio de su conciencia— a un niño que pide auxilio y es desoído para poder encajar en un sistema que tritura todo lo que es libre. A menudo, eso que llamamos madurar, crecer, implica alejarnos de nuestra vulnerabilidad, negar nuestra verdad más blanda y estrenar infinitas armaduras. En definitiva, el desguace de la infancia.

El escritor argentino Juan José Saer apuntó que «la infancia es esa lluvia primera de la que nunca enteramente nos secamos». En este sentido, la poesía implica no desprenderse del todo de esa niñez, prolongarla a través del redescubrimiento del balbuceo y el asombro. Apostar por la desnudez y la indefensión en las que paradójicamente reside la más alta protección. No como postura o impostura, sino como manera de mantenerse en pie, de situarse frente al mundo.

He mendigado pájaros
para no desprenderme del todo
de la niñez que canta

Este libro hace visible el exilio de uno mismo, la expulsión del cuerpo que es puro presente. En algún momento de nuestra infancia y frecuentemente tras algún acontecimiento traumático, cerramos las puertas, nos enajenamos de nuestro propio cuerpo, nuestra casita blanda como protección. Ya no podemos ingresar a ese hogar primero y, por tanto, habitamos casas sustitutas cuyas puertas, al ser golpeadas, apenas nos reconocen:

Hubo un momento en que el cuerpo
dejó de ser hogar

Nos dice el poeta que Dios no escucha, como tampoco el resto de los seres humanos atareados en gritar inútilmente. Esa especie de sordera de Dios que sentimos en la edad adulta y que tan bien expresa la poeta luxemburguesa Anise Koltz: *Dios/te imploro como si existieras// Baja de tu cruz/nos hace falta leña/para calentarnos.*

Fingir y ponerse máscaras, abandonar la desnudez; también negar la belleza y lo frágil. Sobre esa cadena de negaciones de nuestra vulnerabilidad se cimentó eso que llamamos «ser adulto». Hay una especie de asepsia en la adultez, de juego de distancias que establecemos con lo que pueda hacer que nuestro andamiaje se derrumbe.

En algunos poemas también está recogido el daño a la naturaleza y a otras criaturas que nos recuerdan nuestra propia fragilidad; pero no hay maniqueísmo ni un posicionamiento al margen de los agentes que causan sufrimiento y esa es, precisamente, la ambivalencia de la experiencia humana porque:

la misma mano que amortigua el daño
corta una flor.

Somos a la vez causantes y depositarios del daño y la comprensión de esta realidad compleja nos sitúa en un lugar alejado del victimismo y la autocomplacencia.

Con un lenguaje depurado y rotundo, los poemas llevan nuestra mirada a las heridas propias y ajenas. En cada verso, encontramos una oportunidad para reflexionar sobre nuestra propia capacidad para infligir dolor o sanar, para comprender o ignorar el daño que vamos dejando en nuestro camino. Las palabras se convierten también en una suerte de refugio, un paraje provisional en el que podemos balbucear esas heridas que a menudo son difíciles de articular. Sin soltar la mano del lector, el autor nos guía a través de los oscuros recovecos de la experiencia humana. En este sentido, *Hasta dónde el daño* es un desafío a desamortajar los párpados para mirar de frente el cúmulo de daño como precondición para sanarnos y sanar el mundo. A través del lenguaje poético, transformar esa amarga herencia individual y colectiva en belleza y restauración.

El regreso a la infancia, entonces, como trabajo sanador, de restitución, y, sobre todo, como tarea de agrietar el simulacro. Para ello, es necesario desnacerse, darse a luz nuevamente y así desatarnos del miedo que nos inmoviliza en el trauma inicial:

Hilos
cuelgan de mi cuerpo
tienden a deshilachar
tirar de ellos es la voz de inicio
la cuenta atrás
desnacerme

Afortunadamente, existe una música no confinable, cantos que no podemos sofocar como hemos hecho con nuestra melodía más genuina.

Dicen
que en estos días de confinamiento
el canto de los pájaros ha cambiado.

Habría que mencionar el papel simbólico del espejo en el poemario como testigo del daño y del simulacro. Se necesitan menos espejos y *más ventanas ebrias de luz,* como invoca el poeta, quien *implora el perdón de los espejos* y también nos dice: *cien espejos, cien mentiras.* Falsa agua mercurial en la que pretendemos proyectarnos con nitidez. Sí: el regreso a nuestra salud pasa por reclamar menos espejos y más ventanas, pues no somos eso que se refleja en sus aguas turbias de narcisismo.

Mientras exista una puerta entreabierta, una puerta entornada que permita pasar al que regresa, habrá esperanza de restitución. Porque contra toda desesperanza florece la jacaranda. Y como nos recuerda Fer Gutiérrez, *a pesar del daño, el daño no lo ocupa todo.* Frente a ese oscuro memorial de heridas llamado historia, se yergue la esperanza; una esperanza diminuta, gelmaniana, que silba en tono bajito mientras mira la lluvia primera, esa de la que enteramente nunca nos secamos.

El bosque responde a los gritos con pájaros
el ser humano con violencia

Aida y Mario
Ellos trazan mi equilibrio

Necesito de toda mi inocencia, de toda mi maldad
para sobrellevar mi desnudez ardiente

Alejandra Pizarnik

Y EL HOMBRE QUÉ LEJOS

Cada uno de nosotros es responsable
por todo y por cada ser humano

SIMONE DE BEAUVOIR

Hasta dónde se hace daño un hombre

VÍKTOR GÓMEZ

I.

Muere un hombre
dos plantas más arriba
nace una niña
vida y muerte
coinciden en el ascensor
de un hospital
también los familiares de ambos

¿Qué se dicen?
que no lo recuerden mañana
que no supure

¿Qué?

que tan sólo parezca ruido de fondo

2.

Llora el recién nacido
cicatriz primera
que por primera vez
es lenguaje

lenguaje
desde ya
estigma

3.

¿Quién no es vulnerable nada más nacer?

frágil peregrinaje
hacia los palacios de la desnudez

4.

Frente al árbol una jaula abierta;
mi cuerpo niño

el hombre era algo que estaba a punto de conocer
esa otra jaula
a menudo cerrada

5.

De pronto
alguien pasa por nuestro lado
y ya no nos mira niños
camina deprisa
es tarde
no se detiene

a ras del suelo quedan
la fiesta de los charcos
y el cuerpo sin brazos de una muñeca

6.

He mendigado pájaros
para no desprenderme del todo
de la niñez que canta
árboles en flor a orillas del hombre

pájaros
para interrumpir lo agrio de una voz
que cada día se repite
tras la obediencia de su armadura

7.

Columpiarse
dejó de ser el jaleo inmune
la risa que amortigua lo amargo

ya no cierran los ojos
nada hacen por alcanzar lo más alto

mira esos niños yéndose

mira con el peso de todas tus mudanzas a cuestas

esos

        niños

                yéndose

8.

Dudo
y aquella inocencia
ya no vuelve

abunda la impureza

insectos en torno a la basura

9.

Dormir con la luz apagada
ya no era el miedo
soñar junto a nuevo temores
implica corregir la respiración

la búsqueda de otros espacios donde esconderse

10.

Conjugamos esperanzas
del mismo modo que aprendimos a declinar
rosa- rosae
sin ningún presagio de futuro
lo que importaba entonces era aprobar
igual que ahora
lograr la nota necesaria
para pasar de día

II.

Hubo un momento en que el cuerpo
dejó de ser hogar
no sabría decir cuándo
sin más dejé de ser bien recibido

un desconocido

al que no hay que abrirle la puerta

12.

Una vez marcada la casilla del odio
tan sólo he de esperar a que ocurra

13.

El odio ejerce con puñales de hombre

del pico
deja caer la paloma el verdor del olivo
un estruendo de cerezas machacadas
oscurece las manos

a la vista
el desuso de sembrar

14.

¡Qué lejos el hombre del ser humano!

¡qué negra la ira!
(alimaña que no pregunta
qué muerte será la última)

¡qué sorda la violencia!
y las manos que la tienden
cómo de títeres
orquestada existencia

¡qué negra la ira!

el hombre
¡qué lejos!

15.

Hurgamos en el rencor

hacemos un agujero
por donde desembocar
lejos de la infancia

un barco de papel que alguien hizo trizas

16.

Cae el primer árbol
tras él muchos otros
un pájaro busca refugio en el espejo
pronto este lado del bosque será un páramo

un páramo
al que llamarán de manera urbanizable

dibujo en la tierra
la silueta de los árboles caídos

17.

Pides de mí más de lo que puedo temblar
olvidas que tan sólo soy un hombre
sin ascensor ni vistas al mar

un hombre con todos sus accidentes

18.

Desperté
mi voz era el ladrido rabioso de un perro
el sueño no me apaciguó
la música tampoco

cuesta muy poco descubrirse animal

19.

Escribí tengo frío
y le prendí fuego al poema

ardua labor retomar la temperatura de inicio
volver a la blanca desnudez
de quien lo tiene todo por aprender
existen vendas
aún más opacas
que las que tapan los ojos
garras
que nos delatan
en la tachadura de lo humano

igual no lo ves

este poema arde
y hace frío

20.

Es el mío un grito repetido
acostumbrado diría
Dios no escucha
y el hombre
ocupado en gritar
tampoco

21.

Como si mis huellas
no quisieran ya mirarme desnudo

asiduo al estrépito de la mentira
negué la honradez
negué la honradez y el candor
la honradez el candor y los latidos serenos del olivo

todo
para decir yo

22.

Berreamos confrontación
cabeza contra cabeza

la anulación del lenguaje

el impaciente deterioro de los egos

23.

Tiene que ser por algo más

terrorismo guerras exilio
enfermedad pateras
la no casa
hablan de levantar muros
como si el ser humano
no hubiese padecido ya suficiente vergüenza

no
todo esto
no puede ser tan sólo
por morder una manzana

¿qué más se quiso ocultar?

24.

Desbordada la ira ya no hay reposo

está llena de búfalos absolutos
en absoluta estampida
no hay quien los pare
nacieron con nosotros
les dimos de comer

sólo en la palabra encuentro alivio

en la palabra

solo

25.

¿Qué imperturbable hervidero?
¿qué maquinaria de grillos?

grito
sé que grito
porque escuece la garganta
pero no me escucho

¿qué acelerado cascabeleo?
¿cómo de inútil la prisa?

¡cuánto atropello!

26.

Acostumbrados a lo abrupto
a las flores rotas
defienden la mano que destruye
la que esconde

seres carcomidos desprovistos de bosques

les huele a prestado la esperanza

27.

Fingí que fingía
una máscara bajo otra máscara
cien espejos cien mentiras

¿de qué huyo cuando callo?

mi ruido se prepara para disfrazar de nuevo su eco

28.

Huelen el miedo
ladran el odio acumulado
ese odiar aprendido

una línea divisoria campo a través
separa
tú no / tú sí
no se ve
pero excluye

perros de frontera
barreras
documentos
tráfico de nombres

te conviertes en un sin papeles
ya no eres
ahora cómo hacerte oír
salvo ruido nada más se sembró

29

Hay quien llora árboles
y de pronto ese frío es como un colibrí
ahí
quieto
frente a la flor

en este poema dije árboles
dije colibrí flor
y cuando tuve que nombrarme
dije frío

30.

Miedo
de regresar a casa
del animal que respira dentro de ella
de ese que dice protegerte
a veces come de tu mano
otras
la muerde
hasta llegar al hueso

miedo
es hacer y deshacer las maletas

cada noche

cada grito

cada golpe

31.

No fue un sueño, lo vi;
la nieve ardía
ÁNGEL GONZÁLEZ

Vi a una mujer llorar
lágrimas de nieve
vi cómo se retorcía
para que estas
no cayeran al suelo

insultos
humillaciones
de nuevo golpes

vi a una mujer maleta en mano
una maleta llena de nieve
nieve que nadie había pisado

vi caminar a una mujer

una mujer hacia un nuevo amanecer

vi derretirse la nieve

32.

Cerca de 700 inmigrantes están desaparecidos en las
aguas del Canal de Sicilia al naufragar el pesquero en el
que viajaban a Italia a 60 millas de las costas de Libia

¿Quién no contó alguna vez hasta cien
mientras los demás se escondían?
era un juego y el último en aparecer
podía ser un héroe
salvar a todos

hoy el mar contó
uno a uno
hasta casi siete veces cien
no hubo último
no hubo héroe
nadie apareció
no hubo quien salvara

dejó de ser un juego

alcanzar la otra orilla nunca lo es

33.

Desde casa
a través del televisor
miramos sus ropas mojadas

sus ropas
pegadas al cuerpo
lo mismo que el cuero del sofá
a nuestro cuerpo sudado

miramos con desmemoria la repetición de la vergüenza
el vil negocio con la necesidad del otro

desde el sofá de casa
como quien nada en aguas tranquilas
y cree tener bien guardada la ropa

34.

Se repiten las alambradas
los malos augurios
el mirar hacia otro lado
poco son diez padrenuestros y tres aves Marías

se repite la represión
el abuso
no las buenas noticias

¿dónde el equilibrio para tanta cuerda floja?

35.

No hay más que un millón de carpinteros
que hacen ataúdes sin cruz
Federico García Lorca

Caen las manos dañadas de orfandad
no hacen pie
es mentira el cielo
no hay más que un millón de ataúdes sin cruz

¡cuánto rencor por el aire!
¡cuánta crueldad en el nombre de un dios!

¿quién donde el niño silenciará el estruendo de la sangre?

hora punta allí donde los hombres decapitan un millón
    de palomas

tal vez desandar el pulso de la barbarie
tal vez detenerse frente a la amapola

un estallido tan sólo

el estallido de las cigarras al cantar

36.

Ni siquiera la nieve
tras su careo con el hombre
termina mostrándose impoluta

37.

La misma mano que amortigua el daño
corta una flor
zurce
descose
lanza una moneda al aire

cara y cruz

38.

Hilos

cuelgan de mi cuerpo
tienden a deshilachar
tirar de ellos es la voz de inicio
la cuenta atrás

desnacerme

39.

Fue difícil desnudarme
nada de lo que muestro
recuerda aquello que aprendí

imploro el perdón de los espejos

40.

Huesos
tendones
cartílagos
ruido quebrado
versos escritos a modo de derrumbe
ruinas

ya nada sostiene

41.

¿Dónde aprende el pájaro a construir su nido?

¿quién les dice a los hombres
que pueden derribarlo?

¿cómo lo hacen?
que los hijos no duelan

42.

Los ojos llenándose de árboles calcinados
de esqueletos de pájaros
llenándose de un horizonte blando
parece derretirse
como los relojes que Dalí pintó
en lo que llamaría
persistencia de la memoria

de puro hastío los ojos ciegos

ciegos peces
mansos

llenándose de pecera

Evítame la desesperanza

No hay árbol que no sepa que puede arder
por eso escribo para no evitarme

Amo al pájaro que se separa de la bandada
a la bandada que vuelve a por el pájaro
NATALIA LITVINOVA

Vine a ver el daño causado
y los tesoros que perduran
ADRIENNE RICH

43.

Como la primera lluvia
sobre el primer hombre
sorprendiéndose

44.

Los pies desnudos
desnuda la tierra
entonces escucharse

¿qué otro modo de establecer caminos?

desde la escucha el cuidado

45.

En la cumbre, lirio que enraíce
la certeza del techo
y la paciencia
para oler el blanco de las azucenas
MYRIAM SOTERAS

El canto encendido
de quienes riegan la noche
con barreños de hierbabuena
el corazón que trepa a la higuera
vestido de domingo
el clamor de las uvas en el viñedo
multiplicándose

nada que reste azucenas
al blanco paciente de la esperanza

46.

Desde el daño
asoma una brizna de luz

los ojos
atareados en trazar un equilibrio que sostenga
acuden desprotegidos hacia el destello

sin el más mínimo temor a la ceguera

47.

Camino
porque solo así
tendré sed

no la tuve en la quietud

río
es
si
fluye

48.

Al final del asfalto
¿qué río?
¿qué frutos salpicados de bosque?
viveza desprovista de abalorios

¡qué pequeña mi sombra!

49.

Entre una esperanza que muere
y otra que nace
hay gestos que en la noche hundida
agitan sin brisa alguna
el aire herido

gestos
como pequeñas lumbres
que aún creen

persisten

50.

Henchirse de azul
de un viento sin espinas
la caligrafía en llamas
donde lo tachado un poema inaplazable

perseverar en el posible rubor de las flores

¿qué otro incendio si no?

días de abrirse a la templanza de retornar a lo humano

51.

Estoy confuso
acumulo demora y sin embargo
celebro conceder tiempo
espero que este intervalo en los abrazos
no sólo nos muestre
el modo de gestionar nuestras fisuras
que también conforme al hombre
que está a punto de rebelarse

dicen
que en estos días de confinamiento
el canto de los pájaros ha cambiado

tal vez sea ese el inicio

52.

Para algunas aves
el vuelo en grupo
al unísono
agolpa amparo

sólo al desprendernos del yo
somos conscientes de la gravidez
de otros párpados

sólo al desprendernos del

53.

Florece la jacaranda
tiende campanillas lilas bajo mis pies
se desviste
un festín en forma de primavera

huellas
que evitan la desesperanza

54.

Acudir
con el revoletear febril
de quienes destejen fronteras
a la fiesta de la hospitalidad

así hasta que esta
sea hora punta en los relojes sin agujas
hasta esquivar
el deterioro de lo humano
desde el lado más humano

así soplar en la herida antes que aparezca

55.

Corazones relucientes de puro limpio
enteros de desnudez
seres como espigas coronadas por el sol
la belleza con la que estas
impregnan el aire
recuerda la bondad en las manos
de quienes hicieron del oficio de amasar pan
su mayor valentía

callada ofrenda

56.

No quiero patria
ni clamor de banderas
solo campos. Y mar,
y hombres
descalzos
en la planta de sus pies
atrincherada
la honradez de la tierra

fértil caminar
semilla que sacie

eso
tan sólo eso
quiero

57.

Nos debemos el mirar
hacernos arrullo
florear sin arremeter contra el bosque

nos debemos otro horizonte

no esa tela de araña

58.

Rendido al cuidado ancestral de lo arbóreo
me desprendí de cualquier vestidura
mostré bandera blanca

puse mi frío al sol

59.

Si cierro las manos
¿qué de la semilla
de la ofrenda
qué del pan de tantas bocas?

en la negrura de mis manos cerradas
hospedan su recelo la yegua y el niño
campa a sus anchas la estrechez
se guarda un minuto de silencio
por el desmérito acumulado

¿cuánto pozo seco en un puño?

¿cómo de ciegas mis manos si las cierro?

60.

Refugiados en la sonoridad de quienes deletrean acrobacias
asistimos al conjuro amaestrado de los impostores

todas las mentiras entonan la cuenta atrás
casi nada será reescrito del mismo modo
sólo la presencia incurable
de una herida

llámalo vida

61.

Cantarles niños
a los pájaros cantarles
no escatimar veranos

de lo sucio
destender hombres
mitigar aquello que es quebranto

con la llama recién prendida en la garganta

a los pájaros

cantarles

62.

Acomodar la blancura del primer trino de la mañana
ese balbuceo infante
arrullo de un amanecer cobijo

con las manos

d   e   s   e   n   c   a   r   c   e   l   a   r

la esperanza

63.

Ventanas
ebrias de luz
saturadas de mundo
fecundas en el deseo de luminiscencia
desenjauladas
incipientes
abiertas

las ventanas siempre abiertas

64.

Hablas cada vez más bajo

ya sé que crees que no vale la pena
tanto odio
tantas guerras
escasean palabras de alivio
gestos infantiles en la tristura del hombre

ya sé
piensas que darse
es hoy la nieve de ayer

hablas
como si te dieras por muerto
cada vez más bajo

son ellos
tus hijos
los que gritan
que no te oyen

65.

¡Cuánta ofrenda en los ojos colmados de cerezos!
¡cuánta casa!

así
un día cualquiera

y otro

66.

De los dedos arrancar las malas hierbas
adecentar el tacto
salir al encuentro
como quien ofrece una cesta de cerezas
con la anchura exacta de la no asfixia

la manera de trazar el modo

67.

Silbo
apenas tres notas
no es canción

luz desde mi garganta

una puerta entreabierta

68.

Un lugar donde escucharse respirar
donde crecer como si nada
un lugar fuera de los mapas
fuera de la cruz que señala el derribo

un lugar

como si nada

69.

Al final
cuando el bosque recupere su ruido
y el viento acompañe apacible
a la respiración del ciervo
los hombres
bajo lo apilado de la culpa
callarán

desde ese silencio otro engranaje
otras nanas encaminándose

¡cuánta pureza en el inicio del alba!

70.

Nube que aguarda
trigal en ciernes
acopio de esperanza

71.

Saber quién soy no es la prioridad
me basta con saber lo contrario
tener la certeza de quién no soy
nombrarme con el alivio
de quienes hacen de sus pasos
la caligrafía de un niño

72.

Será el andar
el que nos convierta
ávidos de horizontes
en horizonte

73.

Federico soñaba una piel preñada de caricias
caricias sin género
y un enjambre
el poeta soñaba un enjambre
donde la burla
antesala del desprecio
no fuera la miel
que atrajese a los hombres

74.

Desaprender todo lo que el ojo mira
narrar con la piel
la luz que nace desde dentro

reconciliarse

75.

Los pájaros son el modo
la manera de proceder
todo el cielo y la casa abierta

algo que invita a no quedarse

76.

Quiero un árbol
el lenguaje sibilino de la hoja
su patria detenida ante un humilde batir de alas
MÓNICA PICOREL

Verano en la algarabía del niño
hierbabuena coronando el paladar de un limonero
de la tierra la honradez y de las alas el jilguero
no las manos que cierren tus ojos

río a lo largo del pez

77.

De la hoja que cae

del árbol desnudo

toda la perseverancia

78.

Busco esa hebra de la que tirar
atreverme a nacer de nuevo
entre tantas

                              manos-intemperie

ha de existir otra casa
otro lenguaje

una manera de hallarse bienvenido

79.

No hay frontera que iguale

no hay que

no hay

no

80.

De un rojo grosella
el fuego que aviva la esperanza
ardan hogueras
en los corazones de los hombres

Siempre hay una mañana descalza
en los ojales de la cólera

GUADALUPE GRANDE

A PESAR DEL DAÑO   EL DAÑO   NO LO OCUPA TODO

Índice

Este libro se terminó de imprimir
en abril de 2024

RIL® editores • España

europa@rileditores.com

Se utilizó tecnología de última generación que reduce
el impacto medioambiental, pues ocupa estrictamente el
papel necesario para su producción, y se aplicaron altos
estándares para la gestión y reciclaje de desechos en
toda la cadena de producción.